JN439137

가고 오는 것에 대하여

가고
오는 것에
대하여

김선아 시집

세종출판사

시인의 말

사찰 기록이라 해도 무방할
세 번째 시집을 엮으면서
명찰 순례 계획표 따라 이동하던
지난해 가을이 주마등처럼 지나간다.

실행과 함께
준비하고 해결해야 하는 일들이
얼마나 복잡하고 번거로웠던가.

다하지 못한 계획표를 다시 펼치며
용기를 내게 해주신
가족과 정영자 교수님께 감사를 드린다.

2018년 4월

김선아

차례

2부

3부

4부

1부

가고 오는 것에 대하여

어묵 한 상자가 배달됐다
한 바퀴 둘러싼 투명 테이프 갈라진 틈에서
보이지 않는 인력이 결빙을 이루고 있다

정든 사람이 행복했던 노래를 알알이 쥐어 주고
저 먼 곳으로 배달되어 갔다
조그마한 한 상자가 되어
빌려 온 목숨을 되돌려 주러 훌훌 갔다

생각해 보면 한 생명체인 꽃도 낙엽도 안개도
아버지 어머니의 기도 속에 담긴 살이었는데
내 가두었던 과원 속에서 살아온 내 목숨값의 채무를
나는 잊고 살았다

누구의 행복을 체납할 수 있나
누구의 마음을 함부로 이름하여 부를 수 있나
새살 빛는 저 깊은 장사 지내기 위해
거듭 되새기는 조의를 건져 올린다.

오규원 수목장

– 전등사

노을이 펼쳐 놓은 봉분 앞에
붉은 표정이
붉은 언어를 섞어 내며
생과 사의 언덕을 비추고 있다

웃음도 미움도 남김없이 가고
잎 없는 꽃도 따라가고
어쩌면 꾸짖고 부르튼 열기도 가고
문패 같은 나무비도 빛을 잃고

태연히 묻혀 있을
천만 마디가 흘러나오고
애써 기억해낸 목소리에 무릎이 젖고
비로소 알아차리고

한 잔 두 잔 첨잔하는 풀무덤에
백발을 넘기지 못한 꽃들이 시간을 물리고
소용없고
언뜻언뜻 저녁이 일어나고.

동천의 나라

— 자장암

자장동천 물살이 신록을 달린다
해를 닮은 비구니 허리 굽혀
조심스레 물을 헤쳐 본다

부정도 긍정도 없는 풀숲과 바람 사이
요술 모양의 줄다람쥐 오르내리고
고수레 찻자리 흘러넘치는
모든 소리는 물소리로 닿는다

자장암 언덕 아래 남은 해 뉘엿거리고
고요가 나를 부르는 노래 능선을 노는 동안
한결같은 냇물은 끝나는 곳에서
헤어짐의 아늑한 아름다움을 가르쳐 준다.

맘무라

– 장륙사

운서산 장륙사가 비에 젖고 있다
대나무 코스모스 배롱나무 상사화도
저리 깊이 비의 무게를 듣고 있다

왼쪽 벽화 보현보살
오른쪽 벽화 문수보살
앞 벽 위쪽엔 주악 비천상
관음전엔 종이를 덧 대 칠한 건칠관음보살상

마음을 맘이라 부르고
엄마를 맘이라 부르는
맘무라 템플스테이 현수막
마음먹은 대로 국적 없이 흥건할 때

언제부터였나
비와 함께 젖어 드는 산사 명상곡 산을 울리고
사무장이 권하는 차 한잔 침묵의 반려처럼
주고받고 나오니 껍질만 가득하던
내 마음에도 안개 같은 비가 지고 있더라.

초록색 풍경

– 송림사

석조아미타 눈썹은 풀잎 닮은 초록색 눈썹
입술 끝으로 활짝 올라간 초록색 콧수염은
무엇이든 내 편인 할머니 얼굴
동그란 한 점 초록색 턱수염은
할머니 쪽 찐 머리 같구나

한 뼘 두 뼘 안으면 몇 아름이나 될까 안길까
울타리 넘어 냇물 물소리까지 훤히 들리는 돌담만 낮을 뿐
전각마다 커다란 불상 우람한 닷집 넓은 마당 휘황한 뜰

아슴아슴 걸어가는 합장 환히 전탑에 올려놓고
정문 밖 나서면 자동차 소리보다 큰 시냇물 소리
덧없이 돌아가는 마음의 소리 고쳐 씻고 땀 씻고.

이름만 금

– 유금사

소원을 풀어준다는 둥그런 돌 앞에
등산복 입은 사람들
술 내 나는 사람들
목소리 큰 사람들
들었다 놨다 떠들썩하다

보석이 많았다고
마을 이름도 금
골목 이름도 금
절 이름도 금

산중은 마음 가득한 사람들만 오라는 걸까
마음 비운 자들만 들라는 걸까
금도 없고 누런빛도 없는 돌 앞에서
금 찾는 사람들만 떼 지어 소란하다

석조 가득 맑은 물
조롱바가지 손 기다리건만
산 아래 사람들 산문에 들어서자마자
묵례도 없고 줄도 없이 돌만 바쁘다.

어머니와 일연

– 인각사

일주문도 불이문도 없는 길가에
자세히 찾아야 보이는
표지석 하나 세워진 돌비 인각사
출입부터 허전한 절터에
귀퉁이가 떨어져 나간 삼층석탑
얼굴 뭉그러진 석불
코 목 팔이 없는 땜질한 미륵불
탁본으로 얼룩진 탑비
돌덩이 조각들
헐렁한 마당은 육도윤회의 일로 재건축 중이다
다시 태어난다면
합장한 저 여인은 아이를 가질 수 있나
일연 스님 어머니 같은 어머니가 될 수 있나
나란히 앉은 부도와 석불 앞에서
버릇처럼 배워 온 진실과 거짓
정답 없는 몇 푼 모아
부메랑 같은 명호 부른다.

물러서야 보이는
– 삼존석굴

한 세기 먼저 탄생한 석굴암이 있다기에
삼존석굴이 있는 군위로 간다
소나무 군락지를 지나
극락교를 지나 안내판을 지나
모전석탑과 경계를 이루는
저 우람한 바위 속에 숨구멍만한 구멍 속에
돌부처가 있다고
가까이 절벽 아래서는 볼 수 없는
조금 옆으로 옮겨 서면
아무것도 가진 것 없는 그저 조그만 구멍만 덩그런
멀리 떨어져야 속 다 뵈지는
목청만한 구멍에
오르고 또 올라도 오를 수 없는
임은 임으로만 높이 있는 그곳
흔들리는 바람 한 줄기 머물 자리 없는
저 작은 구멍으로 믿음만 남아
변화하는 것은 눈이 아니라
갇혀 있는 한 폭 신음이어야 한다고
또 한 차례 낡은 비탈이 덧없이 진다.

숲 나무 사람

– 은해사

불임 부부가 빌면 이루어진다는
금슬을 좋게 한다는
연리지
너와 내가 만나듯
참나무와 느티나무가 만나
하나로 몸을 섞은 저 둥치에
슬쩍 팔 벌려 배 대고 얼굴 대어보면
귀뚜라미 듣던 밤 들리고
성묘 가는 가족들 보이고
얼마큼 더 가야 할 은총이 기다려져
부도와 공적비를 지나 수림장 명패 앞에 서서야
등줄기 하얗게 술래 잡던 선악과
이야기처럼 지나온 참회와
다시 그리운 그를 찾아가는 마지막 꼭짓점이
여기라는 것을 알게 된다.

산 밖에서 보는 산

– 청량산

산 안에 있어
산 높은 줄 몰랐다가
산 아래 내려와서야 격하게 보네

하늘 구름 먼 산봉우리
절벽 같은 바위산 장엄한 산
목 뒤로 젖힐수록 회벽 따라 오르는
수미산 같은 높은 산이네

보면 볼수록 치기 어린 육신
팔랑이는 겨우 한 잎이네
새처럼 흔들리고 돌아가는
참으로 자유롭지 못한 한 점이었네.

허공에서

– 청량사

굽이굽이 산굽이 청량산 골짜기에
원효와 의상은
일렬횡대로 도량을 풀어놓았네

뒷산 장군 같은 바위산은 부처바위 같고
부처 같은 바위마다
나뭇잎 피우고 절벽을 세웠다

삼베 입은 약사여래는
터실터실 진흙으로 삼라만상을 모아 붙였고
옆에 반가사유상
앞에 오백 년 지기 삼각소나무 완성을 이루었다

유리보전 등진 외딴 절벽 석탑 앞에서
머뭇거리다 어려운 절을 하네
돌아서서 쉬운 절로 마음절벽 풀어 놓네
낭떠러지 허공에서 제대로 생명의 눈 구하네.

해우소에 앉아서

– 청량사

흔들리는 널빤지에 앉아
체액이 아물어가는 아래를 내려다본다

병약을 받아내는 저 깊은 지하에서
한 그루의 나무가 익고 바위가 익는다

비움의 뜨락에서
나는 또다시 목숨을 거는 당신의 전부

돌이 되어도 감사하고
물이 되어도 감사하고.

무량수전 명상

– 부석사

독송하듯 한 계단씩 오르다 보면
부석사 안양문 편액 너머 석등
석등 네모난 틈 너머
단청 없는 무량수전 기와 또렷이 보인다
옆으로 돌아앉은 범종루 좌로 하고
정원 같은 화초밭 지나
전설 같은 목조 건물 무량수전
안으로 들어서면
바랬으나 두꺼운 나무 바닥
바닥 중앙에 배흘림기둥 유장하다
몸체만큼이나 넓은 연화좌대에서
넉넉하게 웃어 주는 자애로움
불상 무게만큼 사방 높고 넓다
정좌한 햇살 곁에 오래 앉아서
가난한 마음 부려 본다
하잘것없는 먼지도 꽃술에 화려하다
잘 여문 산스크리트어
오후가 환하다.

배흘림

– 부석사

바닥에서 천장까지
도둑질하듯 몰래 만져 본다

한 아름 넘도록 단단한 둘레
아래로 가늘어지는 밑동

뭇 명쾌함 잠시 미루고
서투른 해답 품는다

온전하지 못한 기둥
불안한 시선

가려보지 못한 하나의 무릎으로
가벼운 눈을 비빈다.

이몽룡 생가

– 부석사

소처럼 누웠다는 저 산 너머에는
방금 다녀온 부석사가 있다지
배흘림을 잔뜩 키운 대들보가 이고 있는
그 큰 연화좌대가 웃고 있는 곳

그 미소가 넘어온 이곳
춘향전 속 이몽룡이 살았다는 이곳이
소설이 아닌 현실이라네
배흘림을 흘린 저 부석사가 명당인지
흘러온 저 산이 명당인지
이몽룡 실제 인물 성이성이 태어났다는 이곳이
명당 중의 명당이라네

절을 한 채 지어 볼까
수도 없이 엎드린 절 내 마음의 절
진정으로 거래 없는 웃음이 웃고 있는 절.

담장 안 사람들

– 봉암사

담장 안에서 사람을 본다
선승 중생 명확하게 갈리는 곳 단 한 곳
약속 없이 입문할 수 없는 단 한 곳
허락받아도 삼배만 하고 겨우 나와야 하는 단 한 곳

그림자 지우듯
물가에 서서 물소리 따라
숨 크게 몰아쉬는 단 한 여자
가을비 맞은 메모지와 볼펜 넣고 돌아서는데

해우소 앞 노스님
우리 집에 때 되어 왔는데 공양하고 가라신다
되묻는 물음에 그라모 얼마든지 되고 말고
국수가 참 맛있던데 먹고 가소

휴대폰도 안 터지는 벼랑 끝에서
만선의 바람을 타고 젖은 머리칼 말린다
묵언은 이미 죄 많은 영혼 모다 안았다
고향은 아득한 목숨 같은 곳.

2부

수레바퀴

– 김룡사

누가 찍고 갔나
김룡사 금륜전 앞
큰 발자국

뒤 돌아 찾아보면
있는 듯 없는
내 발자국

누가 가는가
아미타 부처님 손바닥에
노란 수레바퀴 얹혀 있네

일어서자 바람아
어려운 굴레가
짐을 게워 내고 있다

유리곽 사리

– 김룡사

사방 막힌 유리곽에
출연해 계신다
덕이 있어야 얻을 수 있다는 결정체
저리 갇혀서야 명쾌할 수 있나

사리를 찾지 말라는 유언을 남긴 고승도 있다는데
하나뿐인 몸
죄다 풀어 놓고
이야기처럼 와서 오도카니 몇 알

삶의 언약 죽음의 언약 몇 업
말로만 벗어 놓은 번뇌 몇 겁
어디든 지고 가는 짐 몇 채

연달아 크고 작은 극락으로 보는
새로이 눈 뜨게 하는
이따금 눈 흔들리게 하는.

윤장대

– 용문사

색 바랜 나무 기둥 안에
읽으라고 만든 책
차곡차곡 쌓여 있다

한 바퀴 돌리면
경전 한 권
읽는 만하다는

문고리도
운전대도 없는
용문사 완고한 윤장대

내가 누군지
너는 무언지
열어야 볼 수 있다
물을 수 있다.

목각 탱화

– 대승사

목각 부처가 빼곡한
대웅전 국보 목각 후불탱화
부석사 화재 때 무량수전 보물을 옮겨온 것
기록 문서도 보물이라는데

목각 탱화나
금불상이나
더 큰 대승사나
더 큰 부석사나

더 할 것도 덜 할 것도 없는
역사의 맥락은 오래여서
절 오래 해도 미동도 하지 않더라.

그림자를 비우다

– 불영사

목을 길게 뺀 서쪽 하늘 부처
연못 앞에서 차양하고 본다
한 잔 햇볕에
고추 무 배추 가지
범영루와 불영지까지
요사채 마루에서 설법전 대웅보전
그 돌계단 양쪽에 머리만 있는 돌거북 두 마리는
화산 자리 불영사 불기운을 누르고 있다 하네
석류나무 단풍나무 고운 색 다 두고
칠성각 극락전에 합장하는 자세로
땅에 떨어진 도토리 줍는다
욕심을 비우라던 경전의 말씀으로
도토리를 비운 도토리나무 아래에서
낙엽 같은 나이를 헤치고 그림자를 비운다.

신선봉 아래

– 화암사

금강산이 시작되는
신선봉 아래 세워져 있는
금강산화암사는 통일 기도 도량
앞산 수바위는
산이며 바다며 북녘 땅이며
거짓 없는 초소처럼 수행하고 있다
어머니의 어머니가 계신 곳
아버지의 아버지가 계신 곳
아픔을 누일 그날은 언제인가
기웃거리는 산인 앞에
자비를 쓸어온 붉은 먼지가
버릇처럼 지폐 한 장 놓고
공양미처럼 고개 숙인다.

탑들 돌들

– 신흥사

회벽 빛 다리 아래 물에 잠긴 돌들이
수많은 말이 되어 젖어 있다
계곡에서부터 잘 올라가던 크고 작은 돌탑들이
가던 길 멈추고 일주문 앞에서 읍하고 있다
앉은뱅이도 거지도 개미도 지렁이도 그들을 위한
절 문을 통과하는데
많은 탑이 문지방을 넘어서지 못하고
항변 없는 시위처럼 멈춰 있다
그들의 열망은 희망이다
목마른 소리처럼 문 건너 저쪽으로 마음 묻혀 가는
발 없는 돌들.

그들은 밝다
– 건봉사

얼굴에 먹칠한 육군이 먼저 반겨주는 곳
초소를 지나 민통선 안으로 들어가는 절차는
이제 없어진 곳
돌다리 능파교 뒤로 사색이 선명한
태극기 적멸보궁보다 높다 씩씩하다
가는 곳마다 새겨진 왜란 전쟁 화마 소실 소멸

육이오 전엔 사대 사찰 중 하나였다는
그날 날아온 총탄
필살의 화마가 쓸고 간 틈새에
꽃잎처럼 꺾이고 주검을 배운 옛날이 살고 있다
먼 듯 가까운 북녘을 향해
화마에 살아남은 불이문 소나무
눈물로 울던 장군샘
부처님 치아까지 모여 그날을 증언하고 있다

기중기들이 소리 내어 한창 짓고 있는 오늘
그들은 밝다
강탈당했다가 되찾아 봉안한 통도사 진신사리
소원도 내려놓고 절망도 내려놓고

욕망도 벗으려니 욕심은 두라 하시네
터벅터벅 내려오는 맑은 하늘이
눈을 밟고 간다.

압사
– 백담사

침묵도 사색도 없는 나무 그늘에서
이십여 년 전
산과 평지를 이어주며 삐걱거리던 나무다리 생각한다
회백빛처마 낮은풍경소리 무료가락국수
간격 읽으며 눈물도 웃음도 뜨거웠던 지난 세월 묻는다
현대판 유배자가 묵었던 화암실 지척에 두고
대중에 묻힌 목탁 소리 어디에도 없다
차향보다 인향이 바쁜 마당 한가운데 백담화원
향 만 원 금빛초 두 개 오만 원
애써 귀 닫고 외면하는 여기는 서기 2017년 백담사
등짐 지고 고집한 합장 삼배
먹고 마시고 즐긴 것들보다 깊다
웃지도 성내지도 않는 극락보전 부처님
입 꾹 다물고 미간 좁히신 만해관 임 독거 중이다
슬퍼도 앓지 못하는 안 듣는 귀 안 보는 눈 안 말하는 입
그러나 무심히 알아지는 풀었다 감고 감았다 푸는
백 가지 담화 있다.

웅크린 꿈

– 홍련암

납작 엎드린 코와 등과 무릎은 하심이다
여윈 바닥 구멍으로 바다꽃을 순례하는 오체투지
뚫어져라 꿰뚫어 보지만
눈을 찍듯 보이는
동그란 그 이상 꿈은 꿀 수 없는
세모 꿈 네모 꿈 세워 보는 웅크린 눈그늘
속임은 크다
난간에서 그친 굳은 표정
모두 어둠이다.

해수관음의 밤

– 낙산사

단풍이 시작된 낙산사 원통보전에서
해수관음상 보러 간다
시월 중순 저녁 7시 한 점 석등 등불 삼아
한 음 한 음 관세음보살 독송하며 간다
끝 안 보이고 달 없으면 어떠한가
저 아래가 관음이고 길 저 끝이 섬기는 곳이지
깜깜한 지척에 합장하고 화답하는 발소리에 이마 씻고
헐벗은 그믐에 돌아가 눕는 검은 머리가 화신이지
두려움 훔치고 눈물 멀리 두어
저 멀리 불 환히 밝히신 임 보이시네
보이지 않던 길 밝히시네
수고했다고 삼족두꺼비 만져 소원 빌라고
저토록 그윽이 웃어 보이시네
한 바퀴 돌고 절하고 또 한 바퀴 돌고 절하고
세 번 돌면 간절해진다는 걸
자꾸 돌며 돌아가고 싶네 아득히 시작된 첫 어디쯤
그곳으로 돌아가고 싶네 어머니.

황어
– 휴휴암

지혜관음 절벽 아래
수천 마리 황어 떼
형형색색 지느러미 흩날리며 시선 모으고 있다

쉬었다 가라는 휴휴암 앞바다에
파도는 그저 우수수 깨어지는 조각일 뿐
바닷물 발사하는 황어 떼 앞에
부딪고 밟히는 건 오히려 사람

말 안 통하는 다문화 행사에서
사람 냄새에 굶주린 다문화 가족과 어울림 한 적 있다
언제 다시 만날지 모르는 하마 마지막인 듯
어느 회오의 지점에서 위로받은 적 있다

카메라와 입 맞추는 사람 닮은 물고기
날개 접고 같이 노는 갈매기 무리
사람임을 잊은 사람 무리
각자 멀어진 무리.

작은 것에 맞추기

– 수타사

저렇게 작아서 어찌 다 보이시나
연단에 폭 쌓여 가까이 가도 눈 맞추기 어렵네
무언가를 잃은 듯한 눈에 잃은 것만 보이는
사람을 잃은 사람
돈을 잃은 사람
의리를 잃은 사람
단 아래에 와서 소복소복 등을 구부리며
전생을 빌고 있다
안간힘 쓰는 이여
더 작게 구부려야
마음을 수도 없이 구부려야
작아서 작은 것이 잘 보이는 저 작은 관음에 들지 않을까
몇 뭉치 광란이 낡은 무릎으로 돌아오고 있다.

허물어진 석불

– 물걸리 사지

이름이 없습니다
주인도 없습니다
그저 물걸리 사지라는 것
어쩌다 발견된
철불 조각 청자 조각 토기 조각
눈 코 입 귀 한쪽씩 허물어지고 문드러진 우리를
기미만세공원을 세운 물걸리 사람들은
천장을 만들고 문을 만들어 주었습니다
집도 없고 밭두렁도 없는 벌판 한쪽에
이것 아니면 저것
하나쯤 없어도 된다는 듯
한쪽 잃어버린 하나를 모아
보란 듯이 슬픔을 가려주었습니다
부끄러움을 지켜주었습니다
인적 없는 물걸리에
통일신라시대쯤이라고 생일 준 물걸리 사람들
그들은 우리를 물걸리 사지라고 이름 붙여 주었습니다.

물걸리 석조여래좌상

– 대승사

금부처 금보살을 옆으로 두고
돌부처가 모셔진 법당이 있다

원래 자그마한 토굴이었다는 이곳
토굴 수행자를 이 돌부처가 지켰다는 이곳

법당을 지으면서 차마
금부처 자리에 돌부처를 모셨다는 이곳

창건주는 벌써 가고 노스님 홀로
수련하고 마을 사람들과 나누고
물걸리 사지 유물을 관리한다는
무소유의 노스님 대한불교조계종 스님

이제 인연도 더는 번거롭다는
어느 산에 들어가 지내다
몸마저 필요하다 하면 다 내어주고
가는 게 소원이라는 각해 스님

아무도 가르쳐 주지 않았는데도
점점 알게 된다는 홀로 가는 길.

전나무 숲길에서
– 월정사

일주문에서 금강교까지
하늘로 올라가는 전나무 숲길

걷고 있어도
누군가 있어
미운 사람도 사랑도 천천히 되살아나는 길

바람에 씻긴 길에 업히니
바람은 나와 어울려 풀잎을 오른다

바라는 것은 아무것도 없는데
제 자리로 들어오는 형상 묻는다
언제나 저만치에 있다.

오래된 종

– 상원사

한순간 숨 멈추고
고요히 종 치고 싶네

자장가를 듣는 것처럼
온기 되살아나는 듯

무지개처럼
지우개처럼
넌지시 피어나는 한 떨기 경처럼

모든 존재에 상응하는
울지 않는 닭
짖지 않는 개

되돌아와도 좋을
마디마디 메아리이고 싶네.

3부

정선 약숫물

– 불암사

지도에는 있고
인적은 없는 정선 불암사
혼을 걸치듯
대웅전 불상이 하나둘 셋 넷 도대체 몇이며
닺집은 한 층 위 한 층 또 한 층
벽면마다 붓칠 튀어나올 듯 자욱한

청기와는 목 길게 가는 듯 능선처럼 얹혀
차갑고 투명한 웃물 일궈 내고 있다
약수라고 자랑하는 저 풋말 믿어
경운기로 밀어내도 시원찮을 체증 꿀꺽
평창올림픽 공사판 꿀꺽
두고 온 사람들 꿀꺽
씻은 내장 속으로
말간 젖니 같은 잔시름 솎아낸다.

수마노로 지은 집

– 정암사

폐광촌 지나
야생화 군락지 지나
열목어에 발목 잡힌 일들이
한 계단 한 계단 꽃대 올리며 올라가는 길
천연덕스럽게 비켜 간 세월까지
생과 사를 고백하는 일 다시 일어난다는 믿음으로
시시비비 모르게 순례하는 길
어질기만 했던 깨달음으로
한순간 자비라고도 말하지 말고
용서라고도 말하지 말고
삶의 끝으로 귀 활짝 열고
부끄럽지 않음과 함께 순장하는 길
이미 반은 저만치 달아난 사시사철이
공양미로 안겨 와 수북한
수마노 보석으로 둘러싸인 사리 집
수마노탑 참배하는 길.

신미대사와 한글

– 복천암

한글 창제 주도는 신미대사가
공포는 세종대왕이
살아서 내려오는 전파는 월성 스님
복천암 노스님은 말씀하신다

열 폭 숙종 어필 병풍
오대산 상원사 중창 한글 권선문
많은 사람이 다녀갔으나
한글 창제에 신미대사 이름이 빠졌듯이
보내준 기사마다
듣고 기록한 이름은 있어도
들려준 사람 이름은 없다고

숲속 외길 위 외로이 서 있는
신미대사 부도 수암화상탑
모음 자음인 양 각이 바르고 원이 둥글다
진실 되겠노라 한글로 적고 소리 내어 본다.

판전

– 봉은사

가로 세로는 바른데
몸 가는 대로 찍고
마음 가는 대로 돌려쓴
서울 한복판 저 현판은
모로 보고 거꾸로 봐도
배운 각도와는 달라도 한참 달라
비웃음 코웃음만 킁킁 날렸는데
알고 보니 추사 칠십일세
죽기 사흘 전 쓴 글자라 하네
십 년도 못 채우고 딴짓하는 자와
죽기 전까지 놓지 않았던 저 정신과
비교야 되겠냐만
언젠가 다시 그 앞에 서노라면
무엇부터 사죄 하나
퇴색한 황혼의 혼
망각의 집에 머물러 부르르 비명만 울린다.

소리 없는 암자

– 윤필암

불상 없는 암자
사리탑 없는 암자
사불전 풍경소리에 물고기가 없는 소리 없는 암자
묵언 글자가 보이지 않는 비구니 암자
유리창만 있는 사불전 유리창 너머 앞산
사불산 중턱에 보일 듯 말 듯
사면에 부처가 새겨진 바위 있다
눈이 맑지 않으면 보이지 않는 사불석불
숲에 싸여 있다 불쑥 솟아 있다
걸어가면 이십 분
디딤돌 위 하얀 고무신
사면석불 향해 햇빛 가득 담고 있다
적멸보궁이다.

작은 소리

– 무위사

강진 무위사 새벽 예불은
5시

4시다 3시 반이다
각자 도반들은 단호했지만

도량석에 이끌려
별빛으로 눈 씻고
찬 공기로 양치하고
삼존불에 삼배 후
엎드려 문득 옆으로 벽시계를 보니

오호
까만 바늘 끝은 새벽 5시 20분

속박에서 벗어나 자유로우라 했건만
대차게 주장하던 목소리들은 모두 어디

지난 밤 위문하던 소나기 소리가
꾹 다문 한 모퉁이를 빗금 긋고 있다.

뗏목 위에서

– 간월암

절 입구에는 바닷물이 속살거리는데
뗏목은 밀려와 기다리고 있는데

생각해 보면 내 처음 물은 양수였으나
이후 몸은 허락하지 않았다

물은 어디로 날 데려가는 것일까
내가 물을 질러가는 것일까

밧줄은 저 멀리 묶여 있고
당기면 뭍으로 가는데

주섬주섬 물 위에서 듣는 어느 환청
애초 바다였느니

물결만큼이나 바람에 푸른 물 쓰러져도
애틋한 어머니 바다였느니.

거북이 법문

– 향일암

좁은 석문을 지나
일출 대신 한낮을 맞는다

어떤 날은 나른하고
어떤 날은 포악한 바다와 해는 한통속

한차례 산통을 치른 수평선이
만족한 표정으로 해바라기 한다

비바람에 씻긴 바위처럼
포복하고 걷는 생애는
산산이 흩어지지 않는 것

밀물처럼 질주하는 바다 내음 드리우며
거북이 형상이 등을 긁고 있다.

무너진 탑

– 황룡사

재는 동탑
나는 서탑

언제 생겨났는지
언제 흩어졌는지

남들은
내 몸에 드러난 각의 수를 세지만

새벽에 몸 씻고
달빛에 경배하는

우리는 오래 지내온 무너진 석탑재
합장은 저 아래에 하세요

언제 끝날지 모르는 주검 주인은
신라 천년 황룡사입니다.

이차돈의 종

– 백률사

혼란에 살아남은
불도의 종 한 편에

저문 귀밑머리 결이
빠른 속도로 빛을 뿜고 있다

잘린 목
연꽃 위에
눈 감고 얹혀 있다

슬프나 슬프지 않은
기억의 숲에서

순교하면 할수록
힘겨운 진리의 길
심장의 피는 명복을 빈다.

마음은 무엇으로 씻나
– 다솔사

와불 뒤 사리탑 앞에
초의 만해 김동리 나혜석
역사가 세월에 젖어 있다
전라 부산 강원 바람이 많은 사람을 흔들고
솔방울 떨어지고
등신불 불붙이고
죽로지실 옆 사리탑 입구 손 씻는 물 있다
입구 없는 마음은 무엇으로 씻나
오른 어깨로 세 번
소원 기원으로 돌라 했으나
떨칠 무심이 무거워
발끝에서 불러보는 석가모니불.

자장매

– 통도사

그림자 영 누각 각 앞에
삼백오십 년 됐다는 자장매
부르지 않았고 으스대지 않았는데
비에 바람에 움츠린 사람들이
약속처럼 우르르 몰려와 우러르고 있다
김창한 화백까지 이젤 세우고 화폭에 담고 있다
채 피지 않은 꽃잎 이제 겨우 고개 들고 있는데
무엇이 가득해서 저토록 하늘 아래 옹골지나
얼마나 뜨거워서 아직 2월에 식지도 않나
통도사에서 제일 먼저 핀다는 자장 홍매화
스님도 다시 돌아와 렌즈와 눈 맞추고 있다
빙빙 돌며 마음 맞추고 있다
처음이니까
첫이니까.

금와당

– 자장암

백팔 계단을 넘어야
이끼 빛 바위 속 볼 수 있다
동전 하나만한 구멍 안에
몸은 청색 입은 금색인 금개구리가 살고 있다니
안으로 들어가면
들여다보는 눈은
구멍만해지는가 바위만해지는가
있다는 말은 있고 봤다는 말은 없는
캄캄한 구멍에
눈물 한 점 같은 앓는 버릇이
버림받은 느낌처럼 눈가림하고 돌아선다.

장경각

– 서운암

여기는 양산 통도사 서운암 장경각
학과 어우러진 도자 십육만대장경
차 맑고 인심 좋은, 꽃과 나무와 새 바람이
활짝 맞고 있다
옻으로 칠한 기와집에서
달이 가고 해가 바뀌어도
이어지고 이어지는 몇 겁 경전의 길
손안에서는 꽃이 피고
걸을수록 마음은 어려지네
흙을 깎고 다듬은 땀은 우주로 돌아갔을까
기쁨은 출렁이고
슬픔은 물거품으로
먼 길 떠나듯 오늘 져도 내일 또 가리란 걸
잊지 말아야지.

수안미술관

– 문수원

붓을 길게 잡고
척척 긋는 곳마다
어머니가 되고 아이가 되고
웃는 꽃이고 선한 풍경이 된다
곁줄에 담긴 시구는 희망이고 행복
어느 날 자물통 달린 미술관이 생기면서
그곳으로 모인 빨강 파랑 노랑 초록
무지갯빛 이야기가 궁금하다
합장하고 바짝 대어보는 귀
체온도 덩달아 호박 빛 띄운다
수조 달팽이도 물을 두드린다
단순한 호기심
스님 미소 흥건하다.

하늘도 지으시더라

– 동진 스님

사철 꽃다운 시가 장독대와 어울려 노는
영축산 자락 서운암에는
햇소년 같은 감원 스님도
꽃 같은 동안으로 창 너머 햇볕 따라
봄도 짓고 시도 짓고 허리 숙여 된장도 짓고
굴착기 몰며 길도 짓고 땅도 짓고
때로는 얼음과자 입에 물며
하늘도 지으시더라.

맑은 해처럼

– 기장 청량사

4호선 경전철이 막을 내리는 기장 청량사
문패처럼 백의관음 우뚝 세우고
순한 순백의 비구니 법열로 타오르고 있다
독경 낭낭하고
목탁 쉬지 않는
향불 도량에
중생의 비애 비껴갈 줄 모르는
찻빛 달빛 글빛 달이고 있다
누구라도 거절할 수 없는 시원한 눈웃음으로
애오라지 끝없는 길 펴내고 있다.

4부

새로 만나는 풍경

– 장안사

그때는 그랬습니다
우거지면 우거진 대로 앙상하면 앙상한 대로
오르고 내리는 삼십 여분 지루하지 않은 숲길은
방랑병이었고 처방전이었습니다

주차장이 생기고 탑이 옮겨지고 전각이 하나둘
늘어난 도량에
흰 살 드러내고 유혹하던 배롱나무는 이미 없고
높아진 담 너머 저쪽에서 올챙이 개구리 잡던
서른 중반 아들의 소싯적은
시멘트 바닥에서 날개 접었습니다

이제 새로 정 붙여야 하는 이 풍경 속에서
가진 것이라고는 오로지 오체투지
새로 놓을 거 하나 없는 이 민망함도
죄라면 죄이겠지요 부처님.

한 채

– 척판암

실제로 소반을 던져 스님을 구했다는
불광산 척판암
숲이 나무고 나무가 숲인 양
산 중턱을 오르면
이제는 초라한 유서 깊은 절 한 채
높지도 낮지도 않은 산정 아래에서
자연과 함께 살고 있다
법당에 삼배하고 돌아서 내려보면
부처인 듯
다 안을 수도 있을 저 산
다 비울 수도 있을 저 계곡
쪽마루 축원문 옆에는
손님상인 듯
인절미 몇 조각과 알사탕
돌아가면 산물을 끌어들인 감로수
뒤 높은 곳에 산신각
나가는 정문까지 겨우 몇 걸음
그 몇 분 안에서
앞으로 몇 세월은 얼마나

이 한 채처럼 투명할 수 있나
눈감고 돌이키며 티끌 하나 없는 깊이에서
쉼 없는 쉼터로 남아 보는 이 한 채.

망중한

– 범어사

하늘은 나무가 가렸고
정오는 구름이 가렸다
한 뼘만한 폭포는
물줄기 앞세워 여울목으로 건너뛰는데
물가에 앉아서 물보라 맞는 사람
눈빛 아득한 저 독백은 어디

이 물고기들은 겨울되면 안 얼어죽나
물속은 따뜻한데 저들끼리 놀아요
야들은 비 오면 안 떠내려가나
비 오면 위로 막 헤엄쳐 올라가요
물이 없으면 죽제

큰 것은 큰물에
작은 것은 얕은 물에
초가을 햇살 등에 업은 피라미 새끼들
내장까지 환히 비추고
물 그림 그리는 투명놀이 중

한 그루 두 그루 그늘을 내는 동안
하나둘 내려가는 법복 입은 사람들
바위 위 사람들
자동차들
바람에 밀려오는 풍경소리들.

신년

– 다솔사

천 년 고찰 다솔사
대웅전 유리벽 밖으로 보이는
한 그루의 감나무 가지 끝에 매달려
위태로이 흔들리는 조막만한 홍시
아미타 열반이 다가오기 때문인지
아슬아슬 조바심 가눌 길 없다

옆으로 누우신 느긋하신 부처님은
도리천 들거라 축원하고 계시는가
사시예불 마치고 쫓아나간 후원엔
해우소 향하시는 공부방 스님도
단내에 마음 쓰여 궁금증을 보이신다

합장하고 물러서서 고개를 올려보니
여전히 사리탑을 돌고 있는 홍시
달그락거리던 공양주 보살님도
염화미소 지으시며 눈인사가 환하다.

두물머리 삼정헌

– 수종사

어디선가 팔 부 능선 글씨를 풀며
조선의 세조 서거정 다산 초의 추사
임들의 혼이 다녀오시는가

물소리가 낳았다는 수종사 나무 찻방
햇살처럼 건너는 햇세작 잔에
담수 같은 목탁소리 다리를 놓는다

울긋불긋 환한 세상 사람들아
옹기종기 도량에 굴절 같은 헌심
넉넉히 보시하지 않으시려나

흰 강 흰 하늘 흰 현판 흰 서까래 흰 등 흰 북
여러 새소리마저 호미질한다
흐름을 잃은 검은 물도 함께 하고 싶다.

종석
– 만어사

돌머리에 앉아서
뿌리 뽑힌 돌의 전설을 듣는다
영영 떠나지 않을 돌무더기 설법을 듣는다
치렁한 금발을 쓸어올리며
돌의 행성을 묻는 미완의 표정
늙지 않는 이야기를 듣는다
바람에 잎사귀 멀리 멀어져 갈 때
돌이 돌에게 전갈을 넣는다
비밀 서신 같은 돌의 소리를 쓴다
물고기가 돌로 변해 법문을 듣는다는
물고기의 전설을 쓴다.

석가탑

– 불국사

노부부 손을 잡고
탑 도는 뒤로
겨울해가 따른다

염화미소
서로 비추며
다른 손엔 단주

얼마나 비워야
사리 하나 얻나

침묵의 말씀 앞에서
내면으로만 걷는
지상의 무게
천 개의 손가락 같은.

연꽃 소리

– 장안사

귀만 열어 놓은 새벽 네 시
별이 돌아가는 은하 아래
장안 연지는 아직 묵언 중인데
물방울도 숨죽여 숙명 중인데

천하에 생 녹음 중인 황소개구리
연대 흔들고 우주 흔들고
온몸으로 자지러지며 죄짓는 중이다
잠적한 시간 턱턱 메이도록 장복하고
부처님 받자옵는 내막 기다리는데
연꽃 봉오리 터지는 소리
쟁강 쟁강 잘라 먹는다

돌 하나 주워 던지는 긴 팔도 죄
미처 피하지 못한 일순간도 죄
서서히 닮아가는 고역 앞에서
땀 흘리게 여문 충만 툭 터지는 소리.

내가 세운 절
- 통도사 사명암

단청장이 기거하는 사명암 일승대에서
여섯 쇠기둥을 갉는 풍경소리의 접신을 받는다
어느 기진한 한 생의 시련과 고통을 듣고 와
바람의 언어로 타종하는 울림
참배하면 그 일생 무작정에 귀의할 수 있을까

석비는 못물에 세월을 묻었고
천강유수천강달 극락보전 주련도
머리 파르라니 깎고 수행에 들어갔다

어느 것도 있지 않고
어느 것도 없지 않다는
경전의 말씀으로
저문 한 생이 희미해지는 일은
무음의 불도를 다시 보는 일
내가 세운 절을 내가 지키는 일이다.

다비식

– 통도사

영축산 자락을 빠져나온 해탈의 법신
사그라지는 구름과 맞서
청잣빛 골짜기 따라 승천을 한다

한결 아려내는 둥지를 틀며
하나쯤 새겨둔 언어로 출현하는
서원 빛 방광

보살 길 흥건히 무르익는
독경 소리
온갖 소유에 등신불 심는다

온 곳도 없고 간 곳도 없는
월하 스님의 도량
수습하는 법음.

바라만 본다
– 성불사

먹구름이 몰아쳐 온다 해도
저 광장은 끄떡없을 거야

세상의 일
뒷골목에 불과했다 해도

아무렴 백팔 저 까마득한 해수관음상은
뒤바꾸지 않을 걸

해운대 바다와 광안대교가 훤히 보이는
어질어질 높은 층층 계단

지팡이 짚고 내려오는 남자
올라오지 못하는 여자

첫 계단에도 깔개가 있다면
저 할머니
덜 아프실 텐데.

북소리

– 석종사

속세 떠난
산도 바람도
돌아와 앉는다
무심코 들리는 북 치는 소리
무심 아랑곳없이 겨울 뜨락에서 빛난다
먼 길 떠나는 혼백같이
저녁상 물린 상주같이
동천에 하얀 달 노란 물 들기 전
굳게 잠긴 빗장 뽑는 소리
새끼 친 처마 끝 꽉 차는 소리.

다만 떠나는 일
– 극락암

저녁 예불 마치고 일어서려는데
극락암 불났다는 전갈에
설법전 마당이 웅성웅성 떠날 줄 모른다

경봉 스님이 거처하다 입적하신 곳
끝까지 모신 명정 스님의 불편한 지팡이가
설법전 서녘 하늘을 뿌옇게 물들이고 있다

물통 들고 뛰는 스님
대야 들고 뛰는 스님
심지어 나무막대기까지
통도사소방차가 좁은 도로를 올라가고 있다

밭만 타고 잡았다는 소문에
말처럼 가벼운 일이 어디 있던가
몸 버리고 떠나는 일
빨갛게 타고 있다.

표적들

– 칠장사

임꺽정 꺽정불
궁예 활터
해소국사 일곱 악인
어사 박문수 합격 다리
모두 흥밋거리지만
인목왕후 그의 아버지 김제남 아들 영창대군
이야기에서는 등짝이 폐허되는 것 같았지
이 땅 어디든 가득 담아 놓은
정한수였으리
하얀빛 노란빛 붉은빛 푸른빛
세상 모든 빛은 검댕이었으리
왕비열전 읽은 게 삼십여 년 전
티브이로 본 게 수 번
묵상으로 손을 내미는 무언가 있어
쉬어 가라고 지어놓은 앞마당 뚫린 누각에 올라
타전되어 온 동시대 역사를 헤어 본다
절을 벗어나 몽환 같은 약수터 위에서
인파에 바쁜 물바가지
빤히 만행처럼 바라만 본다

걸 훑고 내려오는
한나절 햇살 속으로 던져보는
삶의 표적들.

사명대사를 읽는다

– 홍제암

표충사
승병이 아니라 장군이지 않던가
얼굴 반을 가리는 수부룩한 콧수염 턱수염
찢어진 듯 바늘귀 같은 눈매
어디서나 거역할 수 없는 운명은 있다
여기서 입적하였으나 그것은 살아 있는 진영

부도비석군
흘러가는 것은 그냥 둔다
열십자로 땜질한 보수 옆에 복제
석장비 비문 지은이는 교산 허균
희미한 글체 또는
또렷한 전서는 현대인이 풀어야 할 숙제
눈을 떴다 해도 장님과 같은 것

부도
저 위 보인다는 소나무 숲 언저리
가보지 않으면 맞히지 못할 예감 속에 더불어
살생하지 말라는 교리는 잠시 밀쳐 두고

내 것이 아니면 취하지 말라는 그러나
나라가 있어야 불교가 있다는 흐름을 읽는다
너무나 어려웠다는 선봉의 충의를 읽는다.

수국

– 태종대 태종사

수국을 닮은 사람들이
수국처럼 피어서
젊은 꿈을 불러들이고 있다

한쪽 어깨를 내어놓고
맨발로 다니는 노스님이
길손의 한숨처럼 심었다는
적선 주고 동냥 주는 수국

한 상씩 차려 받겠다고
수국 안에서
수국 밖에서
수북수북 해산하는 한 움큼 표정들

고봉 묻은 입을 푸른 잎처럼 흔들며
한 끼 공양을 올리고 있다.
가명을 버리고
불어를 올리고 있다.

| 해설 |

고요와 침잠의 미학

정 성 수
(시인, 한국문인협회 시분과 회장)

김선아 시집『가고 오는 것에 대하여』는 한 마디로 말해서 '고요와 침잠의 발화發話'이다. 시적 대상이 주로 사찰이고 그에 따라 수많은 갈등과 고통이 난무하는 인간시장의 소용돌이가 아니라 그러한 세계와 어느 정도 거리를 두고 있는 시적화자 내면의 사고와 이미지를 표현하고 있기 때문이다.

따라서 시 전체가 대체적으로 자아성찰적이다. 다시 말해서 불교적 명상의 세계, 삶에 대한 관조적 시선, 절제된 감정의 표출 등이 그의 시세계를 진지하고 정직한 사색의 향연으로 이끌어준다.

그것은 그 누구의 시법이나 시류에 물들지 않은 자신의 어법과 개성으로 나타내기 때문에 일단 독자에게 신뢰감과 설득력, 호소력을 함께 보여준다. 그의 시가 지닌 장점 중의 하나라고 말할 수 있을 것이다.

다음 시를 살펴보자.

어묵 한 상자가 배달됐다
한 바퀴 둘러싼 투명 테이프 갈라진 틈에서
보이지 않는 인력이 결빙을 이루고 있다

정든 사람이 행복했던 노래를 알알이 쥐어주고
저 먼 곳으로 배달되어 갔다
조그마한 한 상자가 되어
빌려온 목숨을 되돌려주러 훌훌 갔다

생각해 보면 한 생명체인 꽃도 낙엽도 안개도
아버지 어머니의 기도 속에 담긴 살이었는데
내 가두었던 과원 속에서 살아온 내 목숨값의 채무를
나는 잊고 살았다

누구의 행복을 체납할 수 있나
누구의 마음을 함부로 이름하여 부를 수 있나
새살 빚는 저 깊은 장사 지내기 위해
거듭 되새기는 조의를 건져올린다.

―「가고 오는 것에 대하여」 전문

제1연 1행에서 보여주는 '어묵 한 상자가 배달'된 작은 사건(?), 이것이 이 시의 발단이자 모멘트이다. '어묵'은 말하자면 한때 바다에서 살았던 여러 물고기의 육신이자 그 시체의 집합체가 아닌가.

물고기의 주검(죽음)이 그들이 살았던 한 생의 바다를 떠나온 것. 그들 육신이 자신들의 생을 떠나서 찾아온 곳은 우연이든 필연이든 퍼스나의 집이다. 어디선가 삶으로부터 이탈하는 육신, 죽어서 어디론가 하나의 '상자'로 '배달되어' 오는 생애, 이것이 마침내 살아있는 생명체가 이승을 떠나가는 운명의 길이다.

제2연에서는 '정든 사람이 행복했던 노래를 알알이 쥐어주고/저 먼 곳으로 배달되어 갔다/조그마한 한 상자가 되어/빌려온 목숨을 되돌려주러 훌훌 갔다.'고 노래한다. 가족, 혹은 연인, 혹은 지인이 퍼스나에게 '행복했던 노래를 ...쥐어주고/(조그마한 한 상자가 되어) 저 먼 곳으로 배달되어' 간다. 즉 유골 상자 속에 갇힌 한 사람의 생애와 그 파편들이 산속이나 벌판의 작은 무덤 속으로, 강이나 바다 속으로, 저승 속으로 '배달'되어 가고 만다. 죽음의 과정을 '배달'로 표현한 것이 이채롭고 독자에게 적절한 상상력을 제공한다.

여기서 특기할 것은 이 세상에서 한때 삶을 누렸던 지구인이 지상에서 사라지는 이유가 신에게 '빌려온 목숨을 되돌려주려 ...가'기 위한 것이라는 점이다. 즉 우리들의 생명은 각자 자신의 소유가 아니라 다만 신으로부터 잠시 '빌려온 것'. 여기서 죽음은 단순한 사망이 아니라 빌린 생명을 절대자에게 되돌려주기 위한 일종의 이동 행위인 것.

제3연에서는 '.....내 가두었던 과원 속에서 살아온 내 목숨값의 채무를/나는 잊고 살았다'라고 노래한다. 퍼스나는 그동안 자신이 신으로부터 빌린 '내 목숨값의 채무를.....잊고 살'아온 것.

제4연에서는 '누구의 행복을 체납할 수 있나/누구의

마음을 함부로 이름하여 부를 수 있나/새살 빚는 저 깊은 장사 지내기 위해/거듭 되새기는 조의를 건져올린다'라고 '행복을 체납할 수'도 없고 누군가의 '마음을 함부로 이름' 지어 부를 수도 없는 생의 단독성, 개별성, 위대성을 노래한다. 따라서 퍼스나는 고독한 영혼으로서의 한 생애에 대한 '조의를' 멈출 수 없다. 모든 생명체의 생애는 절대자인 신으로부터 잠시 빌려온 것이므로.

다음 시를 살펴보자.

사방 막힌 유리곽에
출연해 계신다
덕이 있어야 얻을 수 있다는 결정체
저리 갇혀서야 명쾌할 수 있나

사리를 찾지 말라는 유언을 남긴 고승도 있다는데
하나뿐인 몸
죄다 풀어놓고
이야기처럼 와서 오도카니 몇 알

삶의 언약 죽음의 언약 몇 업
말로만 벗어놓은 번뇌 몇 겁
어디든 지고 가는 짐 몇 채

연달아 크고 작은 극락으로 보는
새로이 눈뜨게 하는
이따금 눈 흔들리게 하는.

—「유리곽 사리(김용사)」 전문

퍼스나는 '유리곽'에 갇혀있는 '사리'를 향해 '덕이 있어야 얻을 수 있다는 결정체/저리 갇혀서야 명쾌할 수 있나'라고 '사리'의 명쾌하지 못한 부자유 상황을 한탄한다. 말하자면 '사리'의 고결한 정체성에 대한 일종의 인간적 의문일 수도 있다. '사리를 찾지 말라는 유언을 남긴 고승도 있다는데'에서도 '사리'가 반드시 그 어떤 도의 경지, 깨달음 경지의 척도가 되는 것인가 하는 의구심도 보여준다.

'하나뿐인 몸/죄다 풀어놓고/이야기처럼 와서 오도카니 몇 알'이라는 표현도 '사리'의 허망함(?)과 쓸쓸함, 허무감이 묻어있다. 그것은 인간 생애의 파도가 가볍고 단순한 것이 아니라 '삶의 언약 죽음의 언약 몇 업/말로만 벗어놓은 번뇌 몇 겁'일 정도로 지극히 깊고 지난한 것인데다가 '어디든 지고 가는 짐 몇 채'일 만큼 크고 무거운 것이기 때문이다.

퍼스나는 '사리'가 보여주는 세계 속에서 '연달아 크고 작은 극락으로 보는/새로이 눈뜨게 하는/이따금 눈 흔들리게 하는.'이라고 일종의 해탈적 긍정과 깨달음과 내면의 갈등을 함께 누리는 다양한 심리적 프리즘을 표출한다.

다음 시를 살펴보자.

불상 없는 암자
사리탑 없는 암자
사불전 풍경소리에 물고기가 없는 소리 없는 암자

묵언 글자가 보이지 않는 비구니 암자
유리창만 있는 사불전 유리창 너머 앞산
사불산 중턱에 보일 듯 말 듯
사면에 부처가 새겨진 바위 있다
눈이 맑지 않으면 보이지 않는 사불석불
숲에 싸여있다 불쑥 솟아있다
걸어가면 이십 분
디딤돌 위 하얀 고무신
사면석불 향해 햇빛 가득 담고 있다
적멸보궁이다.

―「소리 없는 암자(윤필암)」 전문

부처의 모습이 보이지 않는 암자(절), 즉 '적멸궁'을 노래한 작품이다. 일반적 의미를 초월한 작은 절, '불상 없는 암자/사리탑 없는 암자'에다가 '사불전 풍경소리에 물고기가 없는 소리 없는 암자'이다.

추녀 끝 '풍경'에 물고기가 달려있지 않아서 바람이 불어도 소리가 나지 않는다.

'불상'도 '사리탑'도 '풍경소리'도 없는 고요한 침묵 속의 암자, '묵언 글자가 보이지 않는 비구니 암자'이다. 속세와 절이 현상학적으로 잘 구별되지 않는 불도의 도량, 속이 절이고 절이 속인 다분히 인간적인 모습의 정토가 아닐 수 없다.

'사불산 중턱에.....사면에 부처가 새겨진 바위 있다'. '숲에 싸여있는' 부처바위 '디딤돌 위 하얀 고무신', 어느 비구니가 홀로 염불을 하고 있는 중이다. '사면석불 향해 햇빛 가득 담고 있다/적멸보궁이다.' 퍼스나는 인간의 구원과 자비와 해탈에 대한 깨달음이 자연스럽게 이루어지는 가장 이상적인 곳이 바로 모든 것을 초탈한 숲속의 이러한 소리 없는 작은 암자가 아니겠느냐는 화두를 던진다.

다음 시를 살펴보자.

얼굴에 먹칠한 육군이 먼저 반겨주는 곳
초소를 지나 민통선 안으로 들어가는 절차는
이제 없어진 곳
돌다리 능파교 뒤로 사색이 선명한
태극기 적멸보궁보다 높다 씩씩하다
가는 곳마다 새겨진 왜란 전쟁 화마 소실 소멸

육이오 전엔 사대 사찰 중 하나였다는
그날 날아온 총탄
필살의 화마가 쓸고 간 틈새에
꽃잎처럼 꺾이고 주검을 배운 옛날이 살고 있다
먼 듯 가까운 북녘을 향해
화마에 살아남은 불이문 소나무
눈물로 울던 장군샘
부처님 치아까지 모여 그날을 증언하고 있다

기중기들이 소리내어 한창 짓고 있는 오늘
그들은 밝다
강탈당했다가 되찾아 봉안한 통도사 진신사리
소원도 내려놓고 절망도 내려놓고

욕망도 벗으려니 욕심은 두라 하시네
터벅터벅 내려오는 맑은 하늘이
눈을 밟고 간다.

—「그들은 밝다(건봉사)」 전문

6.25사변으로 폐허가 된 3.8선 부근 민통선 안을 노래한다. '돌다리 능파교 뒤로 사색이 선명한/태극기 적멸보궁보다 높다/가는 곳마다 새겨진 왜란 전쟁 화마 소실 소멸'의 싯귀절이 보여주듯 수많은 전쟁으로 인한 민족의 고통과 슬픔의 흔적이 사방에 낭자하다. 그 오랜 수난의 그림자 속에서 펄럭이는 태극기가 '적멸보궁보다 높다 씩씩하다'.

'육이오 전엔 사대 사찰 중 하나였다는/그날 날아온 총탄/필살의 화마가 쓸고 간 틈새에/꽃잎처럼 꺾이고 주검을 배운 옛날이 살고 있다.' 즉 동족상잔 비극의 잔재가 반세기가 지난 지금까지 살아남아있다.

마지막 연은 다행히도 희망적이다. '기중기들이 소리내어 한창 짓고 있는 오늘/그들은 밝다' 이 시를 살려주는 것은 그 가운데서도 뒷부분이다.

'강탈당했다가 되찾아 봉안한 통도사 진신사리/소원도 내려놓고 절망도 내려놓고/욕망도 벗으려니 욕심은 두라 하시네/터벅터벅 내려오는 맑은 하늘이/눈을 밟고 간다.'

'강탈당했'던 '통도사 진신사리'를 '되찾아'왔다. '건봉사'에서 불공을 드리며 '절망'과 '욕망'을 다 함께 벗어놓으려 하니, 작은 욕망인 '욕심'은 그냥 두라 하신다. 이 시의 퍼스나는 작은 '욕심'조차 내팽개쳐버린다면 평범한 인간들이 무엇에 희망을 걸고 살 것인가라고 묻는 것같다. 퍼스나의 눈앞에 '터벅터벅 내려오는 맑은 하늘이/눈을 밟고 간다.' 훌륭한 꿈을 순수하게 이루라는 부처의 전언이 아닐까.

다음 시를 살펴보자.

단풍이 시작된 낙산사 원통보전에서
해수관음상 보러간다
시월 중순 저녁 7시 한 점 석등 등불 삼아
한 음 한 음 관세음보살 독송하며 간다
끝 안 보이고 달 없으면 어떠한가
저 아래가 관음이고 길 저 끝이 섬기는 곳이지
깜깜한 지척에 합장하고 화답하는 발소리에 이마 씻고
헐벗은 그믐에 돌아가 눕는 검은 머리가 화신이지
두려움 훔치고 눈물 멀리 두어 저 멀리 불 환히
밝히신 임 보이시네
보이지 않던 길 밝히시네
수고했다고 삼족두꺼비 만져 소원 빌라고 저토록
그윽이 웃어 보이시네
한 바퀴 돌고 절하고 또 한 바퀴 돌고 절하고
세 번 돌면 간절해진다는 걸
자꾸 돌며 돌아가고 싶네 아득히 시작된 첫 어디쯤
그곳으로 돌아가고 싶네 어머니.

—「해수관음의 밤(낙산사)」 전문

'낙산사 해수관음상' 보러 가는 길을 산문적 진술로 편안하게 풀어나간다. '끝 안 보이고 달 없으면 어떠한가/저 아래가 관음이고 길 저 끝이 섬기는 곳이지'라는 구절은 퍼스나가 이미 어느 선의 경지에 다다랐다는 것을 반증한다.

'해수관음상'을 보러 가면서 '두려움 훔치고 눈물 멀리 두어 저 멀리 불 환히 밝히신 임 보이시네/보이지 않던 길 밝히시네'라고 퍼스나가 찾아오는 '보이지 않는 길'을 '관음'이 환히 불을 밝혀서 잘 인도해주고 있다고 노래한다. 어리석은 중생을 바른 길로 이끌어주는 부처의 자비로운 뜻이다.

이 시 역시 끝 부분이 의미가 깊다. 마지막 2행, '한 바퀴 돌고 절하고 또 한 바퀴 돌고 절하고 세 번 돌면 간절해진다는 걸/자꾸 돌며 돌아가고 싶네 아득히 시작된 첫 어디쯤 그곳으로 돌아가고 싶네 어머니.'

이 시의 끝에서 퍼스나는 '어머니'를 부른다. '세 번 돌면 간절'해지므로, 즉 소원이 이루어질 수 있으므로 퍼스나는 어머니에게 '아득히 시작된 첫 어디쯤'으로 '돌아가고 싶'다고 고백한다.

퍼스나는 어머니와 함께 최초의 아름다운 곳, 가장 순수한 곳, 그 어떤 근심 걱정도 시작되지 않은 곳으로 홀연히 돌아가고 싶어 한다. 아마도 이것은 이 세상 모든 사람들의 꿈이 아니겠는가.

다음 시를 살펴보자.

사철 꽃다운 시가 장독대와 어울려 노는
영축산 자락 서운암에는
햇소년 같은 감원 스님도
꽃 같은 동안으로 창 너머 햇볕 따라
봄도 짓고 시도 짓고 허리 숙여 된장도 짓고
굴착기 몰며 길도 짓고 땅도 짓고
때로는 얼음과자 입에 물며
하늘도 지으시더라.

—「하늘도 지으시더라(동진스님)」 전문

보기 드물게 '스님'을 노래한 시. 나이 든 '감원 스님'을 '햇소년'같다고 표현한 것이 설득력을 발휘한다. 적어도 스님은 자신의 영혼을 닦는 종교인이기 때문이다. 그의 얼굴도 '꽃 같은 동안'이라고 표현한다.

그 다음은 '스님' 예찬에 대한 구체적 수사이다. '창 너머 햇볕 따라/ 봄도 짓고 시도 짓고 허리 숙여 된장도 짓고/굴착기 몰며 길도 짓고 땅도 짓고/때로는 얼음과자 입에 물며/하늘도 지으시더라.'

그 스님은 봄을 창조하고 시를 짓고 된장도 손수 담그고 길도 내고 땅도 만드는 아름다운 만능인이다. 거기다가 '때로는 얼음과자 입에 물며/하늘도 지으'신다. 스님이 이상적으로 생각하는 마음의 하늘을 창조하는 것. 이 시를 보면 프랑스인들이 시인과 종교인을 가장 사랑하고 존경하는 이유를 알 것도 같다.

다음 시를 살펴보자.

한 뼘만한 폭포는
물줄기 앞세워 여울목으로 건너뛰는데
물가에 앉아서 물보라 맞는 사람
눈빛 아득한 저 독백은 어디

이 물고기들은 겨울되면 안 얼어죽나
물속은 따뜻한데 저들끼리 놀아요
야들은 비 오면 안 떠내려가나
비 오면 위로 막 헤엄쳐 올라가요
물이 없으면 죽제

큰 것은 큰물에
작은 것은 얕은 물에
초가을 햇살 등에 업은 피라미 새끼들
내장까지 환히 비추고
물 그림 그리는 투명놀이 중

한 그루 두 그루 그늘을 내는 동안
하나둘 내려가는 법복 입은 사람들
바위 위 사람들
자동차들
바람에 밀려오는 풍경소리들.

—「망중한(범어사)」 전문

유서 깊은 사찰의 적막과 평화를 노래한 작품. 1연 마지막 행, '눈빛 아득한 저 독백은 어디'서 시작되는지가 빛나는 대목이다. 또한 2연의 마지막 행, '물이 없으면 죽제'라는 퍼스나의 사투리 독백도 읽는 이로 하여금 슬며시 미소를 자아내게 하는 구절.

3연의 '초가을 햇살 등에 업은 피라미 새끼들/내장까지 환히 비추고/물 그림 그리는 투명놀이 중'도 시의 제목 '망중한'에 걸맞게 지상에서 펼쳐지는 '바쁜 가운데의 한가로움'과 대자연의 순수성이 잘 어우러진 대목이다.

4연의 '한 그루 두 그루 그늘을 내는 동안/하나둘 내려가는 법복 입은 사람들'도 스님들이 나무 그늘 아래 하산하는 여유로운 모습을 적절히 묘사하고 있다. '바위위 사람들'의 친자연적 상황과 '자동차'로 상징되는 문명의 물결, '바람에 밀려오는 풍경소리들'이 오버랩되면서 절 근처 산 속의 망중한적 풍경이 적절한 상황 묘사와 함께 따뜻하게 드러난다.

김선아 시인은 그 특유의 절제된 표현과 개성적 어법으로 자신만의 시세계를 펼쳐나가고 있다. 다음 시집을 기대하는 이유이다.

2018 무술해 봄 어느 날
칠읍산자락 별내마을에서

김선아 시집

가고 오는 것에 대하여

초판1쇄 발행 2018년 4월 20일

지은이 김선아
펴낸이 이길안
펴낸곳 세종출판사

주소 부산광역시 중구 흑교로 71번길 12 (보수동2가)
전화 463－5898, 253－2213~5
팩스 248－4880
전자우편 sjpl@chol.com
출판등록 제02-01-96

ISBN 979-11-5979-212-0 03810

정가 8,000원

이 도서의 국립중앙도서관 출판예정도서목록(CIP)은 서지정보유통지원시스템 홈페이지(http://seoji.nl.go.kr)와 국가자료공동목록시스템(http://www.nl.go.kr/kolisnet)에서 이용하실 수 있습니다. (CIP제어번호: CIP2018012369)

본 도서는 2018년 부산문화재단 지역문화예술육성지원사업의 일부 지원으로 시행됩니다.